Crescendo, Crescendo e Crescendo

Encontrando alegria na passagem do tempo

David E. McAdams

Copyright 2025 David E. McAdams. Todos os direitos reservados. Nenhuma parte desta publicação pode ser copiada, transmitida ou armazenada em qualquer forma sem o consentimento expresso e por escrito do detentor dos direitos autorais.

Quando eu era bem pequenino,
Sonhava em ser grande, grandão, sem destino

Eu me esticava, ficava altão,
Queria tocar as estrelas com a minha mão!

Vou correr muito! Vou saltar sem fim!
Vou correr com foguetes! Dirigir assim!

Vou construir uma casa que encosta na lua!
E almoçar com uma colher gigante e sua!

Os anos passaram, como anos são,
E logo cresceram minhas perninhas então!

Fui para a escola, aprendi a ler,
Andei de bicicleta a toda correr!

Subi em árvores! Ralei meu joelho!
Soltei meu papagaio bem alto no espelho.

Do céu azul, no vento a bailar!
Ah, crescer parecia uma prova no ar:

Que cada dia e cada ano, sim,
Trazia algo novo, bem perto de mim!

Então vieram os meus teens, afinal,
Uma fase nova, maluca e genial!

Corri ainda mais, dormi bem depois,
Aprendi a dirigir, tive um par, nós dois!

Sonhei bem alto, estendi minha mão,
E mesmo errando, insisti de coração!

**Trabalhei bastante, fui me ajeitando,
Corri atrás dos sonhos, sempre avançando!**

Viajei pra longe, vi tantos lugares,
Fui desenhando o mundo com meus próprios andares!

A gente dançou, a gente sorriu,
Construiu um ninho que logo se encheu.

Andávamos dois... depois três, depois cinco!
Pequenos passinhos enchiam o recinto!

**Entre altos e baixos, no frio e no calor,
Ficávamos juntos, com força e amor!**

Me abaixei pra amarrar meu cadarço no chão
E... ai, minhas costas! Que sensação!

Meu cabelo ficou grisalho, andei devagar,
Meus braços cansaram de tanto jogar.

A casa que eu fiz, as árvores também,
Agora eu as via em sonhos que vêm.

Oh, não! Oh, céus! Será que é o fim?
Será que crescer é só isso, enfim?

Será que a subida termina no chão?
Será que é hora de ter preocupação?

Mas então eu vi, além do cinza e da dor,
Cem alegrias brilhando em cor.

Pra cada dorzinha e cada arranhão, havia uma lembrança acesa no coração.

Os livros que li! Os jogos, risadas!
As músicas, festas, as boas piadas!

Os pés pequeninos correndo até mim,
Gritando: "Vovô! Vem ver isso aqui!"

Crescer e envelhecer não são pra temer,
São histórias preciosas pra se proteger!

Então, seja jovem ou mais amadurecido,
Com cabelo pretinho ou branquinho tingido,

Você vai descobrir, sendo grande ou pequeno,
Que a vida é o passeio mais lindo e sereno!